CINZIA RANDAZZO

Il CONCETTO DELLA GIOIA AGLI ESORDI DEL CRISTIANESIMO

Youcanprint *Self-Publishing*

Titolo | Il concetto della gioia agli esordi del Cristianesimo

Autore | Cinzia Randazzo

ISBN | 978-88-91191-03-8

Youcanprint Self-Publishing
Via Roma, 73 – 73039 Tricase (LE) – Italy
www.youcanprint.it
info@youcanprint.it
Facebook: facebook.com/youcanprint.it
Twitter: twitter.com/youcanprintit

INDICE

PREFAZIONE

The concept of gladness or joy in the works of the Apostolic Fathers is examined by the author in great detail in this contribution. The first of them, Clement of Rome, in his *Letter to the Corinthians* recalls the days of the creation of the world. God was glad when he saw that all of his creatures are good, indeed very good, including the first human beings. The bishop of Rome opens up also eschatological perspectives: the happiness of the world to come surpasses every kind of earthly pleasure. Hermas, the writer of *Pastor* is particularly sensitive to this question. In his opinion the Holy Spirit flees from the person who is sad, while gladness is a sure sign of the presence of the life-giving Spirit. In his opinion, if somebody fulfils the commandments of God, he has no reason to be sad. Sadness, on the other hand, is also a sign of ingratitude towards God. The central vision of Hermas is that of the construction of the tower, which is the church, built from living stones.

The progress of its construction must fill Hermas with joy, says the angel of revelation. The steadfastness of the faithful is the cause of happiness for God himself. Christians must be happy when they see the results of their good deeds, just as God was happy when he saw the harmony of his creation. The so-called *Second Letter of Clement* also calls the members of the Church to rejoice, because their life shows the signs of fertility. The *Letter of Barnabas* emphasizes that the eighth day must be a day of rejoicing, because Christ rose from among the dead on that day. Ignatius of Antioch in his *Letter to the Philadelphians* says that the day of the Lord is joyful also because his resurrection opens the way to heaven even for sinners. Joy in connection with the topic of martyrdom is present in his *Letter to the Romans* and also in the *Martyrium Polycarpi*. Polycarp of Smyrna expresses his delight because the Philippians show examples of real charity in Christ. In the *Letter to Diognetus* it is particularly clear that joy is regarded as a divine virtue: the Verb himself is rejoicing when he teaches the congregation of saints. Following their master, Christians express their joy even when they are condemned and persecuted.

I think this short summary above is enough to show how central this theme was in the earliest writings of Christianity after the New Testament. That is why Cinzia Randazzo's contribution is particularly worth of our attention. This epoch of the early church has sometimes been neglected in scholarly research, especially from the perspective of moral theology. The author's approach to these key witnesses of the ethical problems which the second century Christian communities had to face is particularly helpful for us if we really want to understand the main concerns of these local communities who are the addresses of these gems of early Christian literature.

The message of Christ could be delivered only by authentic witnesses and trustworthy communities, who share the same moral values. By the means of numerous quotations Doctor Randazzo makes the texts speak for themselves. Through these texts we can obtain an insight into the inner life of the communities of Rome, Corinth, Antioch, and Smyrna, whose survival in this time of crisis proved crucial for the further development of the church.

Budapest 9-5-2015

Prof. László Perendy
Pázmány Péter Catholic University
Budapest, Hungary

Thank you for the opportunity to read this paper.

I believe that you have discovered most of the important texts on joy in the apostolic fathers and have presented materials from Hermas, 1-2 Clement, Barnabas, Ignatius, and Polycarp fairly. You have provided a very useful collection of quotations from these authors in an informative way that helps the reader understand that the concept of joy was most important to the apostolic fathers, as well as to our biblical authors.

If your goal is to be "descriptive", that is, to show how often the concept of joy is used in the apostolic fathers and the common way in which it appears there, then the essay has met its goal.

St. Meinrad 23-5-2015

Clayton N. JEFFORD
Professor of Scripture
at saint Meinrad Seminary
& School of Theology

INTRODUZIONE

L'idea di rivolgere una particolare attenzione al tema della gioia nei padri Apostolici è dettata dal fatto che sebbene esista qualche studio specifico in ambito patristico,[1] in particolare sui grandi padri della chiesa di Oriente e di Occidente,[2] la maggior parte parte degli studiosi ha rivolto la sua ricerca in ambito biblico.[3]

Per questo motivo in questa ricerca saranno rilevati i concetti fodamentali afferenti il tema della gioia, tramite un'analisi dettagliata dei testi dei padri Apostolici, per dare un quadro complessivo del pensiero dei padri Apostolici a riguardo di tale tematica.

Pensiero che sarebbe per noi tutti modello da seguire se vogliamo veramente costruire una vera civiltà della gioia.

---

[1] Cfr. *Gioia-Sofferenza-Persecuzione nella Bibbia*, in S.A. PANIMOLLE (a cura di), *Dizionario di spiritualità biblica e patristica* 26, Roma 2000.

[2] Cfr. *Gioia-Sofferenza-Persecuzione nei Padri della Chiesa*, in S.A. PANIMOLLE (a cura di), *Dizionario di spiritualità biblica e patristica* 27, Roma 2000.

[3] Cfr. per l'argomento affrontato in ambito biblico i relativi contributi raccolti in G. STROLA, *Gioia*, in R. PENNA – G. PEREGO – G. RAVASI (a cura di), *Temi teologici della Bibbia*, Cinisello Balsamo 2010, col. 576.

1. La gioia divina

1.1. *Identità*

Nel *Pastore* Erma ammonisce lo stolto a rivestirsi di gioia, la quale è sempre gradita a Dio: "*Rivestiti, dunque, di gioia che è sempre gradita a Dio e gli è accetta. In essa si diletta*".[4] La gioia umana per Erma è gradita a Dio, perché immagine della gioia divina in quanto Dio, di fronte a quanto aveva creato, provò un sentimento di stupore e di gioia (Gen 1,31), dal momento che rimase soddisfatto del proprio operato.

Sempre Erma aveva affermato che lo Spirito Santo si allontana in colui che manifesta collera, mentre in chi è paziente egli

> si rallegrerà ed esulterà col corpo in cui abita e servirà il Signore con molta gioia. Ha in sé la felicità. Se sopraggiunge una collera, subito lo Spirito Santo, che è delicato, si angustia non avendo il luogo puro, e cerca di allontanarsi.[5]

Lo Spirito Santo fugge dal triste perchè in sè è "*gioioso*" e così è stato dato all'uomo: "*l'uomo triste si comporta sempre male. Prima agisce male perchè contrista lo Spirito Santo che fu dato gioioso all'uomo*".[6]

Lo Spirito Santo, sempre per il *Pastore*, ha esultato nella carne di Maria, perché nella sua carne non c'era alcuna macchia di peccato:

> Ogni carne ritrovata pura e senza macchia riceverà una ricompensa; in essa abitò lo Spirito Santo. (...) 60,1 Ho gioito, Signore, ascoltando questa

---

[4] ERMA, *Pastore, Precetti* 10,42,1. Ed. crit. F.X. FUNK-K. BIHLMEYER-M. WHITTAKER, *Die Apostolischen Väter, Griechisch-deutsche Parallelausgabe*, Tübingen 1992, p. 410. Trad. di A. QUACQUARELLI, *I Padri apostolici*, Roma 1998, p. 282.

[5] ERMA, *Pastore, Precetti* 5,33,2-3. Ed. crit. F.X. FUNK-K. BIHLMEYER-M. WHITTAKER, *Die Apostolischen Väter, Griechisch-deutsche Parallelausgabe*, p. 390. Trad. di A. QUACQUARELLI, *I Padri apostolici*, pp. 272-273.

[6] ERMA, *Pastore, Precetti* 10,42,2. Ed. crit. F.X. FUNK-K. BIHLMEYER-M. WHITTAKER, *Die Apostolischen Väter, Griechisch-deutsche Parallelausgabe*, p. 410 . Trad. di A. QUACQUARELLI, *I Padri apostolici*, p. 282.

spiegazione". "Ascolta ora: serba pura ed immacolata questa tua carne, perché lo spirito che abita in essa le faccia testimonianza e la carne sia giustificata.[7]

In seguito Barnaba connota col termine gioia l'ottavo giorno, giorno in cui Gesù risorse dai morti e salì al cielo: "*Per questo passiamo nella gioia l'ottavo giorno in cui Gesù risorse dai morti e manifestatosi salì ai cieli*".[8] Per Barnaba l'ottavo giorno è un giorno di gioia, perché è il giorno in cui Gesù passa dal regno delle tenebre a quello celeste, nel quale il Padre attende con gaudio il ritorno del Figlio, dal quale era stato generato; è un regno in cui vige la gioia totale, quella gioia pura che il Figlio visse, ancora prima della creazione del mondo, insieme al Padre, fin dall'eternità (Gv 1,1-3).

Similmente Ignazio di Antiochia, nella sua *lettera* alla comunità di Filadelfia, afferma che essa esprime il suo giubilo nella passione e nella risurrezione di Cristo: "*e giustamente giuliva nella passione del Signore nostro e nella sua risurrezione*".[9] La gioia, quindi, acquista un volto staurologico e anagogico, perché la gioia riaffiora nel cuore del peccatore solo dopo che egli ha creduto che Cristo, attraverso la sua passione, ha sconfitto il male nel mondo, dandogli la possibilità di elevarlo alla Verità. Inoltre Ignazio identifica la gioia con Cristo: "*gioia purissima che è Gesù Cristo, del quale nulla è meglio*".[10]

---

[7] ERMA, *Pastore, Precetti* 5,59,7. 60,1. Ed. crit. F.X. FUNK-K. BIHLMEYER-M. WHITTAKER, *Die Apostolischen Väter, Griechisch-deutsche Parallelausgabe*, pp. 446.448. Trad. di A. QUACQUARELLI, *I Padri apostolici*, pp. 300-301.

[8] BARNABA, *Epistola* 15,9. Ed. crit. F.X. FUNK-K. BIHLMEYER-M. WHITTAKER, *Die Apostolischen Väter, Griechisch-deutsche Parallelausgabe*, p. 64. Trad. di A. QUACQUARELLI, *I Padri apostolici*, p. 209

[9] IGNAZIO, *Lettera ai Filadelfiesi Prologo*. Ed. crit. F.X. FUNK-K. BIHLMEYER-M. WHITTAKER, *Die Apostolischen Väter, Griechisch-deutsche Parallelausgabe*, p. 218. Trad. di A. QUACQUARELLI, *I Padri apostolici*, p. 127.

[10] IGNAZIO, *Lettera ai Magnesii* 7,1. Ed. crit. F.X. FUNK-K. BIHLMEYER-M. WHITTAKER, *Die Apostolischen Väter, Griechisch-deutsche Parallelausgabe*, p. 194. Trad. di A. QUACQUARELLI, *I Padri apostolici*, p. 111.

1.2. Effetti

Inoltre Clemente Romano collega la gioia di Dio al suo beneplacito per la creazione dell'uomo e della donna, in quanto Egli, restando soddisfatto della creazione dell'uomo e della donna, trasalì di gioia per loro e per la loro discendenza, dal momento che essi, alla pari di tutti i giusti, furono ornati di opere buone:

E Dio creò l'uomo; li fece maschio e femmina". Avendo compiuto tutte queste cose le approvò e le benedisse col dire: "Crescete e moltiplicatevi". 7. Vediamo che tutti i giusti furono ornati di opere buone, e lo stesso Signore che si era ornato di opere buone provò gioia.[11]

La gioia, oltre ad avere un volto pasquale, ha anche un volto escatologico, in quanto Dio ha promesso *"la gioia del regno futuro e della vita eterna"*.[12] Per raggiungere la vita futura, occorre essere giusti e cioè *"vivere nella santità e nella giustizia e ritenere i beni mondani come estranei, e non desiderarli. 7. Nel desiderio di procurarceli ci allontaniamo dalla via della giustizia"*.[13] La gioia futura, quindi, è agli antipodi del piacere terreno: *"Non sanno quale tormento procuri il piacere quaggiù e quale gioia, invece, sia la promessa futura"*.[14]

Il Signore nell'ottavo giorno ha dato a tutti i credenti la possibilità di vivere la vita nella gioia, certi che essi attendono il regno eterno, nel quale essi vivranno questa grande gioia con il Padre. Pertanto, dalla parte del credente, questa bella promessa non ha altro effetto che quello di rinvigorire lo spirito:

---

[11] CLEMENTE ROMANO, *Lettera ai Corinti* 33,6-7. Ed. crit. F.X. FUNK-K. BIHLMEYER-M. WHITTAKER, *Die Apostolischen Väter, Griechisch-deutsche Parallelausgabe,* p. 116. Trad. di A. QUACQUARELLI, *I Padri apostolici,* p. 71.
[12] Ps. CLEMENTE, *Omelia* 5,5. Ed. crit. F.X. FUNK-K. BIHLMEYER-M. WHITTAKER, *Die Apostolischen Väter, Griechisch-deutsche Parallelausgabe* p. 158. Trad. di A. QUACQUARELLI, *I Padri apostolici,* p. 224.
[13] Ps. CLEMENTE, *Omelia* 5,6-7. Ed. crit. F.X. FUNK-K. BIHLMEYER-M. WHITTAKER, *Die Apostolischen Väter, Griechisch-deutsche Parallelausgabe,* p. 158. Trad. di A. QUACQUARELLI, *I Padri apostolici,* p. 224.
[14] Ps. CLEMENTE, *Omelia* 10,4. Ed. crit. F.X. FUNK-K. BIHLMEYER-M. WHITTAKER, *Die Apostolischen Väter, Griechisch-deutsche Parallelausgabe,* p. 162. Trad. di A. QUACQUARELLI, *I Padri apostolici,* p. 227.

È tornata in voi la forza e vi siete irrobustiti nella fede. Il Signore vedendo la vostra fortezza gioì (...). Il suo spirito ringiovanisce per la gioia appresa, così anche voi, vedendo questi beni, avete ringiovanito il vostro spirito.[15]

Per coloro invece che ostentano superbia e grandezza di spirito, odiando la sapienza e allontanandosi dal timore di Dio, incorrono nello sterminio e nel tumulto, perchè essi sono alla base della gioia divina:

> Poichè chiamai e non ascoltaste, prolungai i discorsi e non foste attenti, ma frustraste i miei consigli e disobbediste ai miei richiami. Anch'io riderò della vostra rovina, e mi rallegrerò se arriverà lo sterminio su di voi e se improvviso giungerà il tumulto e sovrasterà la catastrofe simile al turbine e quando avverranno l'angoscia e l'oppressione (...). Odiarono la sapienza, non vollero saperne del timore del Signore, né vollero ascoltare i miei consigli e disprezzarono le mie esortazioni. 6. Per questo mangeranno i frutti della loro condotta e si sazieranno della loro empietà.[16]

A partire da tale quadro in Clemente la gioia acquista la caratteristica di essere la conseguenza della cattiva condotta dell'uomo malvagio e della identità divina, a motivo della quale Dio sorride, per cui Dio ride sui mali che l'uomo compie con le sue stesse mani. Un pensiero simile si riscontra nel *Pastore* di Erma, per il quale la gioia può essere anche indice di dissolutezza. Egli, con l'immagine del pastore vestito di giallo e col volto allegro insieme alle pecore lascive e dissolute che saltellavano giulive, vuole fare osservare che il sentimento della gioia promana anche da

---

[15] ERMA, *Pastore, Visioni* 3,20,3-21,2. Ed. crit. F.X. FUNK-K. BIHLMEYER-M. WHITTAKER, *Die Apostolischen Väter, Griechisch-deutsche Parallelausgabe*, p. 366. Trad. di A. QUACQUARELLI, *I Padri apostolici*, p. 261.

[16] CLEMENTE ROMANO, *Lettera ai Corinti* 52,2. Ed. crit. F.X. FUNK-K. BIHLMEYER-M. WHITTAKER, *Die Apostolischen Väter, Griechisch-deutsche Parallelausgabe*, p. 136. Trad. di A. QUACQUARELLI, *I Padri apostolici*, p. 87.

persone dissolute e votate alla morte eterna:

> Dopo che ebbe parlato con me dice: «Andiamo al campo e ti mostrerò i pastori delle pecore». «Andiamo, signore». Andammo in una pianura e mi mostra un giovane pastore che indossava un insieme di vestiti color giallo. 6. Pascolava molte pecore e queste pecore erano come lascive e troppo dissolute e giulive saltellando qua e là. Lo stesso pastore era assai contento del suo gregge. Il volto di lui era molto allegro ed egli andava su e giù tra le pecore. Insieme altre pecore pure vidi lascive e dissolute, però non saltellavano. 62,1. Mi dice: «Vedi il pastore?». «Lo vedo, signore». «Questo è l'angelo della dissolutezza e della voluttà. Egli guasta le anime dei servi di Dio che sono vuoti e li devia dalla verità, seducendoli con le malvagie passioni per cui trovano la morte. 2. Si dimenticano dei precetti del Dio vivente e camminano nella via dei piaceri e dei godimenti vani e sono rovinati da questo angelo. Chi va a morte, chi si corrompe» 3. Gli dico: «Signore non capisco chi a morte chi a corruzione». «Ascolta, dice: le pecore che vedi giulive e saltellanti sono coloro che per sempre si sono distaccati da Dio e si sono dati ai piaceri di questo mondo. In loro non c'è conversione di vita perchè hanno aggiunto la bestemmia contro il nome del Signore. Per loro c'è la morte. 4. Le pecore che vedesti non saltellare ma pascolare insieme sono quelli dediti ai godimenti e ai piaceri, ma non bestemmiarono il Signore. Essi lontani dalla verità furono corrotti e per loro c'è speranza di penitenza nella quale possono vivere. La corruzione ha qualche speranza di rinnovamento, la morte, invece, ha la rovina eterna».[17]

Le donne vestite di nero, con le spalle in fuori e con i capelli sciolti erano liete, le quali simboleggiano, secondo Erma, le virtù

[17] ERMA, *Pastore, Similitudini* 6,61,5-6.62,1-4. Ed. crit. F.X. FUNK-K. BIHLMEYER-M. WHITTAKER, *Die Apostolischen Väter, Griechisch-deutsche Parallelausgabe*, pp. 450-452. Trad. di A. QUACQUARELLI, *I Padri apostolici*, p. 302.

negative. La loro gioia è indice di dissolutezza, perchè il pastore le aveva chiamate per prendere le pietre scartate dalla costruzione e riportarle sui monti, da dove furono prese.[18]

Tornando a Barnaba l'ottavo giorno, come giorno di risurrezione di Cristo, viene avvertito dai fedeli come un giorno di gioia e di festa: "*Per questo passiamo nella gioia l'ottavo giorno in cui Gesù risorse dai morti e manifestatosi salì ai cieli*".[19]

Inoltre per l'anonimo autore dell'*A Diogneto* il Figlio esprime il suo giubilo nell'ammaestrare i santi: "*il Verbo che ammaestra i santi si rallegra*".[20]

Conclusione

Per quanto riguarda il concetto della gioia divina, è opportuno puntualizzare alcune lievi differenze tra un padre e un altro. In particolare Erma, rispetto a Ignazio di Antiochia - per il quale Dio esprime la sua gioia grazie alla fede del credente – dà piuttosto a questa una connotazione virtuale, in quanto lo Spirito divino esprime la sua gioia verso coloro che sono pazienti e tranquilli.

La condizione della fede è appannaggio della gioia divina che si manifesta nel credente piuttosto in Barnaba e in Ignazio, mentre in Erma essa cede il passo alla virtù: in Maria, la piena di grazia, lo Spirito esulta.

Sulla linea di Erma anche l'anonimo autore dell'*A Diogneto* fa dipendere la gioia divina, più precisamente del Figlio che non dello Spirito come precisa Erma, dalla condizione virtuale dell'uomo.

---

[18] ERMA, *Pastore, Similitudini* 9,86,5-6. Ed. crit. F.X. FUNK-K. BIHLMEYER-M. WHITTAKER, *Die Apostolischen Väter, Griechisch-deutsche Parallelausgabe*, pp. 498-500. Trad. di A. QUACQUARELLI, *I Padri apostolici*, pp. 324-325.

[19] Ps. BARNABA, *Epistola* 15,9. Ed. crit. F.X. FUNK-K. BIHLMEYER-M. WHITTAKER, *Die Apostolischen Väter, Griechisch-deutsche Parallelausgabe*, p. 64. Trad. di A. QUACQUARELLI, *I Padri apostolici*, p. 209.

[20] *A Diogneto* 12,8. Ed. crit. F.X. FUNK-K. BIHLMEYER-M. WHITTAKER, *Die Apostolischen Väter, Griechisch-deutsche Parallelausgabe*, p. 322. Trad. di A. QUACQUARELLI, *I Padri apostolici*, p. 363.

2. La gioia umana

2.1. *Condizioni*

Per Erma, in colui che è paziente dimora la gioia, in quanto la pazienza è gioiosa, contenta, senza preoccupazioni, e magnifica il Signore in ogni tempo. Nulla ha in sé di aspro e rimane sempre calma e tranquilla. La pazienza abita con quelli che hanno una fede perfetta.[21]

Sulla stessa linea si pone Clemente Romano, il quale afferma che la gioia viene condivisa dall'altro, dando esultanza di vita, solo se scaturisce da colui che obbedisce alla Parola di Dio, scritta sotto l'ispirazione dello Spirito Santo e che sradica dal suo cuore la collera ingiusta della gelosia:

Ci darete esultanza di gioia se, divenuti obbedienti a ciò che vi abbiamo scritto mediante lo Spirito Santo, smorzerete la collera ingiusta della vostra gelosia.[22]

Più avanti, sempre Clemente Romano, collega l'allegria e la serenità dell'animo alla pace e alla concordia, perché i forieri di pace e di concordia trasmettono nel cuore di chi li ascolta gioia, allegria e serenità:

Rimandateci presto nella pace e nella gioia i messaggeri da noi inviati, Claudio, Efebo e Valerio Bitone con Fortunato perché ci annunzino quanto prima la pace e la concordia invocate e desiderate, e presto noi ci ci rallegriamo della vostra serenità.[23]

Da ciò si deduce che, secondo Clemente, la serenità interiore

---

[21] ERMA, *Pastore, Precetti* 5,34,3. Ed. crit. F.X. FUNK-K. BIHLMEYER-M. WHITTAKER, *Die Apostolischen Väter, Griechisch-deutsche Parallelausgabe,* p. 392. Trad. di A. QUACQUARELLI, *I Padri apostolici,* p. 274.

[22] CLEMENTE ROMANO, *Lettera ai Corinti* 63,2. Ed. crit. F.X. FUNK-K. BIHLMEYER-M. WHITTAKER, *Die Apostolischen Väter, Griechisch-deutsche Parallelausgabe,* p. 148. Trad. di A. QUACQUARELLI, *I Padri apostolici,* p. 91.

[23] CLEMENTE ROMANO, *Lettera ai Corinti* 65,1. Ed. crit. F.X. FUNK-K. BIHLMEYER-M. WHITTAKER, *Die Apostolischen Väter, Griechisch-deutsche Parallelausgabe,* p. 150. Trad. di A. QUACQUARELLI, *I Padri apostolici,* p. 92.

di coloro che rimandano nella pace e nella gioia i messaggeri della Parola di Dio è condizione di rallegramento per coloro che aspettano tali messaggeri.

La gioia, quindi, che Dio provò per la creazione dell'uomo non è altro che il prototipo della gioia dei giusti che, alla stessa stregua di Dio, avevano compiuto opere buone.

Perciò condizione sine qua non può esserci la gioia nell'animo di un fedele è la confessione dei propri peccati più che l'olocausto degli animali. Infatti per Clemente Davide sa che, convertendosi dai propri peccati, diviene modello per i poveri, i quali, vedendo il suo esempio, incominciano a vivere nella gioia, perché sanno che nel suo animo, libero dalle colpe, si rispecchia la serenità dei giusti, permanentemente esultanti in Dio:

> Dice, infatti, l'eletto Davide: "Mi confesserò al Signore e gli sarà accetto più di un giovenco che mette fuori le corna e le unghie. Vedano i poveri e gioiscano.[24]

Chi è libero dai peccati, conseguentemente può vivere nella prassi della vita quotidiana atteggiamenti improntati alla carità, in modo tale che in coloro che vivono secondo la carità *"possa io trovare gioia (...) per ogni cosa"*.[25] L'amore per i fedeli della sua comunità, restando in Ignazio, è anche motivo di gioia che si estrinseca nel rafforzarli: "*Fratelli miei, ho grande amore per voi e giulivo cerco di rafforzarvi*".[26]

Quindi coloro che vivono nella carità e nella giustizia sono

---

[24] CLEMENTE ROMANO, *Lettera ai Corinti* 52,2. Ed. crit. F.X. FUNK-K. BIHLMEYER-M. WHITTAKER, *Die Apostolischen Väter, Griechisch-deutsche Parallelausgabe,* p. 136. Trad. di A. QUACQUARELLI, *I Padri apostolici*, p. 71.

[25] IGNAZIO, *Lettera agli Efesini* 2,1-2. Ed. crit. F.X. FUNK-K. BIHLMEYER-M. WHITTAKER, *Die Apostolischen Väter, Griechisch-deutsche Parallelausgabe,* p. 180. Trad. di A. QUACQUARELLI, *I Padri apostolici*, p. 100. Vedi anche IGNAZIO, *Lettera ai Magnesii* I,1.II. Ed. crit. F.X. FUNK-K. BIHLMEYER-M. WHITTAKER, *Die Apostolischen Väter, Griechisch-deutsche Parallelausgabe,* p. 192. Trad. di A. QUACQUARELLI, *I Padri apostolici*, p. 109.

[26] IGNAZIO, *Lettera ai Filadelfiesi* 5,1. Ed. crit. F.X. FUNK-K. BIHLMEYER-M. WHITTAKER, *Die Apostolischen Väter, Griechisch-deutsche Parallelausgabe,* p. 192. Trad. di A. QUACQUARELLI, *I Padri apostolici*, p. 129.

sempre agli occhi degli altri forieri di gioia, perché questa loro gioia la devono non per la loro parte, ma per la cosa stessa, in quanto la gioia in sé senza macchia e senza ruga è propria di Cristo, nel quale rifulge la gioia purissima:

> Né cercate che appaia lodevole qualche cosa per parte
> vostra, ma solo per la cosa stessa: una sola preghiera,
> una sola supplica, una sola mente, (...) nella gioia
> purissima che è Gesù Cristo, del quale nulla è
> meglio.[27]

Una figura cardine per Ignazio è il diacono Zootione, suo conservo, in quanto, sottomesso alla grazia di Dio e alla legge di Gesù Cristo, è condizione di gioia per lo stesso Ignazio:

> nel diacono Zootione, mio conservo, della cui
> presenza mi auguro sempre gioire. Egli è sottomesso
> al vescovo come alla grazia di Dio e al presbitero
> come alla legge di Gesù Cristo.[28]

Restando in Ignazio il raccoglimento dei fedeli è anche un'altra condizione per portare loro i rallegramenti da parte di tutta la comunità: "*portare a quelli che sono raccolti i vostri rallegramenti*".[29] Sempre per Ignazio la serenità conseguita dalla chiesa di Antiochia grazie a Dio diviene un ulteriore condizione per rendere manifesto con una lettera il rallegramento da parte della comunità di Smirne: "*Mi è parso, dunque, un'opera degna che uno di voi sia inviato con una lettera, per rallegrarsi con loro della serenità conseguita grazie a Dio*".[30] Lo stesso Ignazio pone a

---

[27] IGNAZIO, *Lettera ai Magnesii* 7,1. Ed. crit. F.X. FUNK-K. BIHLMEYER-M. WHITTAKER, *Die Apostolischen Väter, Griechisch-deutsche Parallelausgabe*, p. 194. Trad. di A. QUACQUARELLI, *I Padri apostolici*, p. 111.

[28] IGNAZIO, *Lettera ai Magnesii* 2. Ed. crit. F.X. FUNK-K. BIHLMEYER-M. WHITTAKER, *Die Apostolischen Väter, Griechisch-deutsche Parallelausgabe*, p. 192. Trad. di A. QUACQUARELLI, *I Padri apostolici*, p. 110.

[29] IGNAZIO, *Lettera ai Filadelfiesi* 10,1. Ed. crit. F.X. FUNK-K. BIHLMEYER-M. WHITTAKER, *Die Apostolischen Väter, Griechisch-deutsche Parallelausgabe*, p. 224. Trad. di A. QUACQUARELLI, *I Padri apostolici*, p. 131.

[30] IGNAZIO, *Lettera agli smirnesi* 11,3. Ed. crit. F.X. FUNK-K. BIHLMEYER-M. WHITTAKER, *Die Apostolischen Väter, Griechisch-deutsche Parallelausgabe*, p. 232. Trad. di A. QUACQUARELLI, *I Padri apostolici*, p. 138.

condizioni della sua gioia la dolcezza, la pazienza e la fede testimoniata dai fedeli della comunità di Smirne:

la fede come elmo, la carità come lancia, la pazienza come vostra armatura. I vostri depositi siano le vostre opere perchè possiate ritirare capitali adeguati. Siate tolleranti nella dolcezza gli uni verso gli altri, come Dio è con voi. Possa io gioire sempre di voi.[31]

Non è esclusa neanche la dignità e la stima, le quali divengono motivi di gioia per lo stesso Ignazio: "*Mi rallegro di essere stato stimato degno delle cose che vi scrivo*".[32] L'allegria proviene, secondo Papia di Gerapoli, da coloro che tramandano i precetti dati dal Signore:

Non mi rallegravo di quelli che dicono molte cose, ma di quelli che insegnano le cose vere. Nè di quelli che tramandano precetti altrui, ma di quelli che tramandano i precetti dati dal Signore alla fede e scaturiti dalla stessa verità.[33]

Similmente nel *Pastore* di Erma il cuore dell'uomo può essere rallegrato solo se osserva i precetti del Signore: "*Questi precetti sono grandi, belli, eccellenti, e possono rallegrare il cuore dell'uomo che può osservarli*".[34] Chi, oltre a osservare i comandamenti, farà altri servizi graditi al Signore, vivrà nella gioia:

3. Se osservando i precetti di Dio aggiungi anche questi servizi gioirai, facendoli secondo il mio volere (...) 8. questo digiuno sarà notato e il servizio che

---

[31] IGNAZIO, *A Policarpo* 6,2. Ed. crit. F.X. FUNK-K. BIHLMEYER-M. WHITTAKER, *Die Apostolischen Väter, Griechisch-deutsche Parallelausgabe*, p.238. Trad. di A. QUACQUARELLI, *I Padri apostolici*, p. 142.

[32] IGNAZIO, *Lettera agli Efesini* 9,2. Ed. crit. F.X. FUNK-K. BIHLMEYER-M. WHITTAKER, *Die Apostolischen Väter, Griechisch-deutsche Parallelausgabe*, p. 184. Trad. di A. QUACQUARELLI, *I Padri apostolici*, p. 103.

[33] PAPIA DI GERAPOLI, *Frammenti* 3. Ed. crit. F.X. FUNK-K. BIHLMEYER-M. WHITTAKER, *Die Apostolischen Väter, Griechisch-deutsche Parallelausgabe*, p. 290. Trad. di A. QUACQUARELLI, *I Padri apostolici*, p. 177.

[34] ERMA, *Pastore, Precetti* 46,4. Ed. crit. F.X. FUNK-K. BIHLMEYER-M. WHITTAKER, *Die Apostolischen Väter, Griechisch-deutsche Parallelausgabe*, p. 420. Trad. di A. QUACQUARELLI, *I Padri apostolici*, p. 287.

compi è bello e gioioso e ben accolto dal Signore.[35]

Quindi, restando in Erma, colui che osserva i precetti, divenendo santo e giusto, in quanto possiede un cuore puro, è colui che è sempre gioioso[36], perché in lui si riflette la gioia divina.

A tal proposito, nella *Lettera ai Romani,* Ignazio lega la gioia al supplizio, perché per il martire esso diviene giubilo, in quanto il condannato, attraverso il suo cruento martirio, raggiunge la gioia purissima che è Cristo: *"Potessi gioire delle bestie per me preparate e m'auguro che mi si avventino subito (...) perché voglio solo trovare Gesù Cristo".*[37] Anche nel *Martirio* di Policarpo si intravede l'allegria del volto del martire che sprizza di gioia quando il santo confessa di essere cristiano: *"Nel dire queste ed altre cose era pieno di coraggio e di allegrezza e il suo volto splendeva di gioia".*[38]

La fermezza della fede, unita al volontario sacrificio di sé reso concreto nell'incamminarsi verso lo stadio, è condizione di gioia per il vecchio Policarpo: *"allegro si incamminò verso lo stadio (...). 12,1. Nel dire queste ed altre cose era pieno di coraggio e di allegrezza e il suo volto splendeva di gioia".*[39] Compiutosi il sacrificio di Policarpo, la riunione nella serenità e nella gioia sono le condizioni per cui è stata possibile ai discepoli del martire la concessione da parte di Dio di celebrare il giorno

[35] ERMA, *Pastore, Precetti* 5,56,3.8. Ed. crit. F.X. FUNK-K. BIHLMEYER-M. WHITTAKER, *Die Apostolischen Väter, Griechisch-deutsche Parallelausgabe,* pp. 440.442. Trad. di A. QUACQUARELLI, *I Padri apostolici,* pp. 297-298.

[36] Cfr. ERMA, *Pastore, Precetti* 8,67,18.69,8. Ed. crit. F.X. FUNK-K. BIHLMEYER-M. WHITTAKER, *Die Apostolischen Väter, Griechisch-deutsche Parallelausgabe,* pp. 466-468. Trad. di A. QUACQUARELLI, *I Padri apostolici,* pp. 308.310.

[37] IGNAZIO, *Lettera ai Romani* 5,2-3. Ed. crit. Ed. crit. F.X. FUNK-K. BIHLMEYER-M. WHITTAKER, *Die Apostolischen Väter, Griechisch-deutsche Parallelausgabe,* p. 212. Trad. di A. QUACQUARELLI, *I Padri apostolici,* p. 123.

[38] POLICARPO, *Martirio* 12,1. Ed. crit. F.X. FUNK-K. BIHLMEYER-M. WHITTAKER, *Die Apostolischen Väter, Griechisch-deutsche Parallelausgabe,* p. 272. Trad. di A. QUACQUARELLI, *I Padri apostolici,* p. 166.

[39] POLICARPO, *Martirio* 8,3.12,1. Ed. crit. F.X. FUNK-K. BIHLMEYER-M. WHITTAKER, *Die Apostolischen Väter, Griechisch-deutsche Parallelausgabe,* pp. 268.272-274. Trad. di A. QUACQUARELLI, *I Padri apostolici,* pp. 165.166.

della nascita della vera vita: "*Appena possibile ivi riunendoci nella serenità e nella gioia il Signore ci concederà di celebrare il giorno natalizio del martire*".[40]

Tornando alla lettera di Barnaba la gioia è anche propria di coloro che meditano e comprendono "*il senso esatto*" della Parola di Dio:

> Siate uniti a quelli che temono il Signore, a quelli che meditano nel cuore il senso esatto della parola che hanno appreso, (...) che sanno che la meditazione è di letizia e che ruminano la parola del Signore.[41]

Sull'esempio di Cristo che è stato innalzato al cielo nella gioia, così anche i fedeli, imitandolo nella preghiera, alla stessa stregua della chiesa preesistente, -nella quale il Figlio innalzava preghiere di lode al Padre con semplicità -, possono innalzare "*grida di gioia*" verso l'Altissimo:

> Chi disse "rallegrati o sterile" indicò noi. Sterile era la chiesa prima che le fossero dati i figli. 2. Chi disse: "Grida di gioia tu che non hai avuto i dolori del parto" questo vuole esprimere: innalzare le nostre preghiere a Dio con schiettezza e senza nausearci come le donne che partoriscono.[42]

Sulla stessa linea si pone Barnaba, per il quale la gioia escatologica è frutto dell'osservanza dei comandamenti, in quanto colui che osserva i comandamenti di Dio ha come ricompensa finale la soddisfazione del suo bene operare, perché il giudizio di Dio, essendo positivo, dà a colui che lo riceve allegria e gioia: "*Per quanto è in noi curiamo il timore di Dio e lottiamo per osservare i suoi comandamenti, per gioire nei suoi giudizi*".[43]

[40] POLICARPO, *Martirio* 18,3. Ed. crit. F.X. FUNK-K. BIHLMEYER-M. WHITTAKER, *Die Apostolischen Väter, Griechisch-deutsche Parallelausgabe,* p. 280. Trad. di A. QUACQUARELLI, *I Padri apostolici*, p. 170.

[41] BARNABA, *Epistola* 10,11. Ed. crit. F.X. FUNK-K. BIHLMEYER-M. WHITTAKER, *Die Apostolischen Väter, Griechisch-deutsche Parallelausgabe,* p. 52. Trad. di A. QUACQUARELLI, *I Padri apostolici*, p. 202.

[42] Ps. CLEMENTE, *Omelia* 2,1-2. Ed. crit. F.X. FUNK-K. BIHLMEYER-M. WHITTAKER, *Die Apostolischen Väter, Griechisch-deutsche Parallelausgabe,* p. 154. Trad. di A. QUACQUARELLI, *I Padri apostolici*, p. 222.

[43] BARNABA, *Epistola* 4,11. Ed. crit. F.X. FUNK-K. BIHLMEYER-M. WHITTAKER, *Die Apostolischen Väter, Griechisch-deutsche Parallelausgabe,*

Inoltre Clemente Romano puntualizza che la povertà è anche una delle condizioni per cui l'uomo gioisce: "*Vedano i poveri e gioiscano*".[44] Clemente Romano si serve del testimonium scritturistico di Sal 69,31-33 per far osservare ai fedeli della sua comunità che i poveri di spirito sono ben accetti al Signore, in quanto "*il Signore dell'universo non ha bisogno, non cerca nulla da nessuno tranne che si faccia a lui la confessione*"[45]; per questo motivo coloro che si sono confessati e divengono poveri interiormente sono fari di gioia per coloro che li vedono.

Policarpo rivolge ai Filippesi il proprio compiacimento, perchè il loro atteggiamento accogliente verso i prototipi della vera carità ha comportato in lui stesso un forte rallegramento: "*Mi sono rallegrato molto per voi nel nostro Signore Gesù Cristo perchè avete accolto i prototipi della vera carità*".[46]

Tornando allo ps. Barnaba la beatitudine e la gloria vissuta dai fedeli, come anche la speranza della salvezza è condizione di gioia per lui stesso, mentre le opere compiute nella giustizia assurgono a motivo della testimonianza della gioia e della letizia:

> mi rallegro immensamente per le vostre anime beate
> e gloriose (...). 3. Perciò di più mi rallegro nella
> speranza di essere salvato. 6. (...) testimonianza di
> gioia e di letizia delle opere fatte nella giustizia.[47]

Sempre per lo ps. Barnaba la spiegazione di poche cose, afferenti la volontà di Dio, assurge ad essere una condizione per il rallegramento dei fedeli che ascoltano queste cose: "*come uno di*

---

p. 34. Trad. di A. QUACQUARELLI, *I Padri apostolici*, p. 191.

[44] CLEMENTE ROMANO, *Lettera ai Corinti* 52,2. Ed. crit. F.X. FUNK-K. BIHLMEYER-M. WHITTAKER, *Die Apostolischen Väter, Griechisch-deutsche Parallelausgabe*, p. 136. Trad. di A. QUACQUARELLI, *I Padri apostolici*, p. 83.

[45] *Ibidem*

[46] POLICARPO, *Lettera ai Filippesi* 2,1. Ed. crit. F.X. FUNK-K. BIHLMEYER-M. WHITTAKER, *Die Apostolischen Väter, Griechisch-deutsche Parallelausgabe*, pp. 244-246. Trad. di A. QUACQUARELLI, *I Padri apostolici*, p. 153.

[47] Ps. BARNABA, *Epistola* 1,2.3.6. Ed. crit. F.X. FUNK-K. BIHLMEYER-M. WHITTAKER, *Die Apostolischen Väter, Griechisch-deutsche Parallelausgabe*, p. 26.30. Trad. di A. QUACQUARELLI, *I Padri apostolici*, pp. 187-188.

voi vi spiegherò poche cose per le quali potrete rallegrarvi".[48]
Inoltre lo ps. Barnaba si avvale della metafora del ruminante che,
rispetto agli altri animali, è contento del suo padrone quando
riposa: "*è l'animale che quando prende il cibo conosce chi lo
nutre e quando riposa sembra che gioisca in lui*".[49] Con tale
metafora lo ps. Barnaba vuole indicare che coloro che ruminano la
parola di Dio sono lieti perchè meditandola avvertono in Dio
Padre il vero riposo, certi che camminano nel mondo per
raggiungerlo in un porto sicuro:

> Siate uniti a quelli che temono il Signore, a quelli che
> meditano nel cuore il senso esatto della parola che
> hanno appreso, che parlano dei comandamenti del
> Signore e li osservano, che sanno che la meditazione
> è di letizia e che ruminano la parola del Signore.
> Quale il senso del piede diviso? Che il giusto
> cammina in questo mondo e aspetta la beata eternità.[50]

Sempre lo ps.Barnaba precisa che ognuno ha il compito di
portare a termine le proprie cose senza trascurarle e di adempiere
ogni precetto, in quanto queste funzioni rendono allegri chi le
compie:

> non trascurate nulla delle vostre cose, ma ricercatele
> continuamente e adempite ogni precetto. Sono cose
> degne. 9. Per questo mi sono affrettato a scrivervi
> quello che potevo per darvi gioia.[51]

In seguito la sterilità assurge a motivo di gioia, perchè la
donna sterile risulta più allegra di quella sposata, non solo perchè
è esente dai dolori del parto, ma anche perchè ha più figli rispetto

---

[48] Ps. BARNABA, *Epistola* 1,8. Ed. crit. F.X. FUNK-K. BIHLMEYER-M.
WHITTAKER, *Die Apostolischen Väter, Griechisch-deutsche Parallelausgabe,*
p. 28. Trad. di A. QUACQUARELLI, *I Padri apostolici,* p. 188.

[49] Ps. BARNABA, *Epistola* 10,11. Ed. crit. F.X. FUNK-K. BIHLMEYER-M.
WHITTAKER, *Die Apostolischen Väter, Griechisch-deutsche Parallelausgabe,*
p. 52. Trad. di A. QUACQUARELLI, *I Padri apostolici,* p. 201.

[50] Ps. BARNABA, *Epistola* 10,11. Ed. crit. F.X. FUNK-K. BIHLMEYER-M.
WHITTAKER, *Die Apostolischen Väter, Griechisch-deutsche Parallelausgabe,*
p. 52 Trad. di A. QUACQUARELLI, *I Padri apostolici,* pp. 201-202.

[51] Ps. BARNABA, *Epistola* 21,8-9. Ed. crit. F.X. FUNK-K. BIHLMEYER-M.
WHITTAKER, *Die Apostolischen Väter, Griechisch-deutsche Parallelausgabe,*
p. 74. Trad. di A. QUACQUARELLI, *I Padri apostolici,* p. 214.

a quella sposata. Con questa metafora lo ps.clemente vuole dire che la chiesa ha più fedeli di quelli che reputavano avere gli ebrei:

> Sterile che non hai partorito, rallegrati, erompi in grida di gioia tu che non hai avuto i dolori del parto, perchè i figli della donna sola sono più numerosi della donna sposata. Chi disse rallegrati o sterile indicò noi. Sterile era la chiesa prima che le fossero dati i figli. 2. Chi disse: «Grida di gioia tu che non hai avuto i dolori del parto» questo vuol esprimere: innalzare le nostre preghiere a Dio con schiettezza e senza nausearci come le donne che partoriscono. 3. Che cosa significava «i figli della donna sola sono più numerosi della donna sposata»?: che il nostro popolo sembrava abbandonato da Dio, mentre ora, avendo creduto, siamo divenuti più numerosi di quelli che simulavano di avere Dio.[52]

Sempre per lo ps. Clemente la promessa del regno futuro e della vita eterna diviene motivo di gioia: "*la promessa di Cristo è grande e mirabile, come la gioia del regno futuro e della vita eterna*".[53] Il tema della promessa futura apportatrice di gioia riappare nello ps. Clemente: "*quale gioia, invece, sia la promessa futura*".[54]

Inoltre anche la continenza e la mancanza di ogni turpe piacere sono condizioni di gioia per chi le vive: "*Perchè sei triste Erma? Tu che sei paziente, mite e sempre sorridente, perchè appari tetro e non gioviale?*".[55] L'osservanza dei comandamenti divini, sempre per Erma, diviene la condizione senza la quale non

---

[52] Ps. CLEMENTE, *Omelia* 2,1-3. Ed. crit. F.X. FUNK-K. BIHLMEYER-M. WHITTAKER, *Die Apostolischen Väter, Griechisch-deutsche Parallelausgabe*, pp. 154-156. Trad. di A. QUACQUARELLI, *I Padri apostolici*, p. 222.

[53] Ps. CLEMENTE, *Omelia* 5,5. Ed. crit. F.X. FUNK-K. BIHLMEYER-M. WHITTAKER, *Die Apostolischen Väter, Griechisch-deutsche Parallelausgabe*, p. 158. Trad. di A. QUACQUARELLI, *I Padri apostolici*, p. 224.

[54] Ps. CLEMENTE, *Omelia* 10,4. Ed. crit. F.X. FUNK-K. BIHLMEYER-M. WHITTAKER, *Die Apostolischen Väter, Griechisch-deutsche Parallelausgabe*, p. 162. Trad. di A. QUACQUARELLI, *I Padri apostolici*, p. 227.

[55] ERMA, *Pastore, visione* 1,2,3. Ed. crit. F.X. FUNK-K. BIHLMEYER-M. WHITTAKER, *Die Apostolischen Väter, Griechisch-deutsche Parallelausgabe*, p. 334. Trad. di A. QUACQUARELLI, *I Padri apostolici*, p. 245.

è possibile il compimento delle promesse che sono state loro annunciate con gioia e gloria: "*perchè si compiano le promesse loro annunziate con molta gloria e gioia se osservano i comandamenti divini che ricevettero con gran fede*".[56] Ancora Erma precisa che la chiesa è lieta perchè è stata portata verso oriente, dove c'è la cattedra luminosa del Signore:

> La presero sulle spalle e si allontanarono verso la cattedra ad oriente. Se ne partì lieta e andandosene mi dice: "Coraggio, Erma![57]

Secondo Erma l'ascolto dell'annunzio, relativo alle cose del Signore, produce in alcuni gioia mentre in altri pianto:

> Avendomi mostrato queste cose, voleva allontanarsi. Io a lei: «Signora, quale vantaggio ho io nel vedere le cose senza conoscere che cosa sono?». Essa mi risponde: «Sei un uomo avveduto poichè vuoi conoscere quello che concerne la torre». «Sì, dissi io, per annunziarlo ai fratelli i quali più consolati nell'ascoltare le cose conosceranno il Signore nella grande gloria». 2. Ella mi rispose: «Molti le ascolteranno, ma nell'udirle alcuni gioiranno, altri piangeranno. Anche questi, però, se le ascolteranno e si pentiranno, godranno. Ascolta, dunque, i simboli della torre. Li rivelerò tutti, e più non darmi cruccio con le rivelazioni che pure hanno un termine. Infatti sono compiute. Ma tu non finirai di chiedermi rivelazioni; sei un insaziabile.[58]

La stessa domanda di Erma alla chiesa è diretta a gioire lui insieme ai santi:

> La torre, che vedi costruire, sono io la chiesa che ti

---

[56] ERMA, *Pastore, visione* 1,3,4. Ed. crit. F.X. FUNK-K. BIHLMEYER-M. WHITTAKER, *Die Apostolischen Väter, Griechisch-deutsche Parallelausgabe*, p. 336. Trad. di A. QUACQUARELLI, *I Padri apostolici*, p. 246.

[57] ERMA, *Pastore, visione* 1,4,3. Ed. crit. F.X. FUNK-K. BIHLMEYER-M. WHITTAKER, *Die Apostolischen Väter, Griechisch-deutsche Parallelausgabe*, p. 336. Trad. di A. QUACQUARELLI, *I Padri apostolici*, p. 246.

[58] ERMA, *Pastore, visione* 3,11,1-2. Ed. crit. F.X. FUNK-K. BIHLMEYER-M. WHITTAKER, *Die Apostolischen Väter, Griechisch-deutsche Parallelausgabe*, p. 348. Trad. di A. QUACQUARELLI, *I Padri apostolici*, p. 253.

sono apparsa ora e prima. Domandami ciò che vuoi riguardo alla torre e te lo farò sapere perchè tu gioisca con i santi.[59]

Anche il mandare a termine la costruzione della torre, ossia la chiesa, produce nei presenti un sentimento di giubilo nel glorificare il Signore: "*La costruzione della torre sarà mandata a termine, e tutti insieme vi gioiranno intorno e glorificheranno il Signore perchè fu compiuta la costruzione della torre*".[60] Pure l'educazione vicendevole, secondo Erma, è una condizione per la quale la chiesa diviene contenta di parlare dei suoi figli al Padre: "*Educatevi, dunque, l'un l'altro e vivete in pace perchè io al cospetto del Padre possa contenta parlare di voi tutti*".[61] Inoltre la fortezza dei fedeli produce gioia in Dio: "*Il Signore vedendo la vostra fortezza gioì*".[62] Più avanti Erma si avvale della metafora dell'afflitto che quando sente una bella notizia trasale di gioia, per indicare che chi ha ascoltato la rivelazione che il Signore gli ha manifestato, ha rinnovato il suo spirito, ringiovanendolo per la gioia infusa in lui con la visione dei beni eterni:

Come chi, mentre è afflitto, ha una bella notizia, subito dimentica i precedenti affanni e a null'altro pensa che alla notizia udita, si ravviva per il bene e il suo spirito ringiovanisce per la gioia appresa, così anche voi, vedendo questi beni, avete ringiovanito il vostro spirito.[63]

---

[59] ERMA, *Pastore, visione* 3,11,3. Ed. crit. F.X. FUNK-K. BIHLMEYER-M. WHITTAKER, *Die Apostolischen Väter, Griechisch-deutsche Parallelausgabe*, p. 348. Trad. di A. QUACQUARELLI, *I Padri apostolici*, p. 253.

[60] ERMA, *Pastore, visione* 3,12,2. Ed. crit. F.X. FUNK-K. BIHLMEYER-M. WHITTAKER, *Die Apostolischen Väter, Griechisch-deutsche Parallelausgabe*, p. 350. Trad. di A. QUACQUARELLI, *I Padri apostolici*, p. 254.

[61] ERMA, *Pastore, visione* 3,17,10. Ed. crit. F.X. FUNK-K. BIHLMEYER-M. WHITTAKER, *Die Apostolischen Väter, Griechisch-deutsche Parallelausgabe*, p. 360. Trad. di A. QUACQUARELLI, *I Padri apostolici*, p. 259.

[62] ERMA, *Pastore, visione* 3,20,3. Ed. crit. F.X. FUNK-K. BIHLMEYER-M. WHITTAKER, *Die Apostolischen Väter, Griechisch-deutsche Parallelausgabe*, p. 366. Trad. di A. QUACQUARELLI, *I Padri apostolici*, p. 261.

[63] ERMA, *Pastore, visione* 3,21,2. Ed. crit. F.X. FUNK-K. BIHLMEYER-M. WHITTAKER, *Die Apostolischen Väter, Griechisch-deutsche Parallelausgabe*, p. 366 . Trad. di A. QUACQUARELLI, *I Padri apostolici*, p. 261.

Di conseguenza la chiesa diviene più allegra: "*l'hai notata più giovane, bella, allegra e di aspetto leggiadro*".[64]

Restando in Erma anche l'acquisto dei campi e delle case porta allegria, perchè il Signore ha arrichito l'uomo per prestare a lui tali servizi:

> Consumate le vostre ricchezze e tutte le sostanze che avete ricevuto da Dio in questi campi e case. 9. Per questo il Signore vi arricchì, per prestare a lui tali servizi. E' molto meglio acquistare questi campi, sostanze e case che ritroverai nella tua città quando vi tornerai. 10. Questo investimento è bello e santo, non ha nè tistezza nè paura, ma allegria.[65]

Inoltre l'osservanza dei comandamenti, il timore di Dio e il servire il Signore con cuore puro sono tre condizioni per le quali l'uomo diviene contento:

> si signore, mi farai contento e conoscerò il digiuno accetto a Dio. (...). 4. Dio non vuole questo digiuno vano; (...). 5. Non far nulla di male nella tua vita, ma servi il Signore con cuore puro; osserva i suoi comandamenti, camminando nei suoi precetti, e non entri nel tuo cuore alcun desiderio malvagio e credi in Dio. Se ciò farai e lo temerai, astenendoti da ogni opera malvagia, vivrai in Dio. Se adempi queste cose farai un grande digiuno accetto al Signore.[66]

Sempre Erma si avvale della metafora del padrone e del servo che, coltivando la vigna che gli aveva dato il padrone e facendola fruttificare, produsse nel padrone molta gioia; gioia che crebbe di più quando il padrone vide che il servo, oltre a far

---

[64] ERMA, *Pastore, visione* 3,21,1. Ed. crit. F.X. FUNK-K. BIHLMEYER-M. WHITTAKER, *Die Apostolischen Väter, Griechisch-deutsche Parallelausgabe*, p. 366. Trad. di A. QUACQUARELLI, *I Padri apostolici*, p. 261.

[65] ERMA, *Pastore, similitudini* 1,50,8-9. Ed. crit. F.X. FUNK-K. BIHLMEYER-M. WHITTAKER, *Die Apostolischen Väter, Griechisch-deutsche Parallelausgabe*, p. 426. Trad. di A. QUACQUARELLI, *I Padri apostolici*, p. 292.

[66] ERMA, *Pastore, similitudini* 5,54,3-5. Ed. crit. F.X. FUNK-K. BIHLMEYER-M. WHITTAKER, *Die Apostolischen Väter, Griechisch-deutsche Parallelausgabe*, p. 436. Trad. di A. QUACQUARELLI, *I Padri apostolici*, p. 296.

fruttificare la vigna, fece un altro lavoro alla vigna che piacque tanto al padrone.[67] Con tale metafora Erma vuole fare notare che chi osserva i comandamenti di Dio e farà qualche cosa di buono (vero digiuno) oltre a questi si procurerà una grande gioia, perchè li compie secondo il volere di Dio:

> osserva i precetti del Signore e gli sarai gradito e sarai annoverto tra quelli che custodiscono i suoi comandamenti. 3. Se farai qualche cosa di buono oltre il comandamento di Dio, ti procurerai una gloria maggiore (...) se osservando i precetti di Dio aggiungi anche questi servizi gioirai, facendoli secondo il mio volere.[68]

Altra condizione per divenire allegri è per Erma la purezza della carne:

> Ho gioito, signore, ascoltando questa spiegazione. Ascolta ora: serba pura ed immacolata questa tua carne, perchè lo spirito che abita in essa le faccia testimonianza e la carne sia giustificata.[69]

Anche la consegna dei rami di ogni uomo all'angelo è motivo di gioia. Erma spiega che l'angelo sopra un salice dava dei rami a ogni uomo che era lì presente e da questi l'angelo voleva di nuovo i rami. A seconda di come glieli riportavano, o con i germogli o senza, aumentava l'intensità della gioia da parte dell'angelo.[70] Con tale metafora Erma vuole far notare che il salice rappresenta in senso oggettivo la legge di Dio, cioè il Figlio che è stato annunziato a tutto il mondo, mentre i rami sono la legge, intesa in

---

[67] ERMA, *Pastore, Similitudini* 5,55,1-11. Ed. crit. F.X. FUNK-K. BIHLMEYER-M. WHITTAKER, *Die Apostolischen Väter, Griechisch-deutsche Parallelausgabe*, pp. 438-440.

[68] ERMA, *Pastore, similitudini* 5,56,2-3. Ed. crit. F.X. FUNK-K. BIHLMEYER-M. WHITTAKER, *Die Apostolischen Väter, Griechisch-deutsche Parallelausgabe*, p. 440. Trad. di A. QUACQUARELLI, *I Padri apostolici*, p. 297.

[69] ERMA, *Pastore, Similitudini* 5,60,1. Ed. crit. F.X. FUNK-K. BIHLMEYER-M. WHITTAKER, *Die Apostolischen Väter, Griechisch-deutsche Parallelausgabe*, p. 448. Trad. di A. QUACQUARELLI, *I Padri apostolici*, p. 301.

[70] ERMA, *Pastore, Similitudini* 8,67,1-18. Ed. crit. F.X. FUNK-K. BIHLMEYER-M. WHITTAKER, *Die Apostolischen Väter, Griechisch-deutsche Parallelausgabe*, pp. 462-466.

senso soggettivo, perchè dalla fisionomia dei rami si intuisce quelli che hanno osservato la legge da coloro che non l'hanno osservata o l'hanno osservata in parte. Comunque tutti, chi più chi meno sono chiamati alla penitenza per vivere in Dio.[71]

Con un'altra metafora Erma indica che le vergini, cioè gli spiriti santi, sono liete nel costruire la torre. Gli spiriti santi sono coloro che vivono secondo le virtù e per questo motivo sono giulivi. Questi possono entrare nel regno di Dio e per questo sono allegri.[72] Non solo sono allegri, ma anche il pastore (Cristo) diviene allegro per la loro presenza.[73]

Inoltre la condanna è un'altra condizione per cui i cristiani gioiscono: "*condannati gioiscono come se ricevessero la vita*".[74] Secondo l'anonimo autore dell'*A Diogneto* i cristiani gioiscono ancora di più quando vengono condannati, perchè imitano la condanna del loro salvatore Gesù Cristo; per questo motivo per loro la condanna è il mezzo per arrivare alla vera vita. Sempre per l'anonimo autore dell'*A Diogneto* la conoscenza del Figlio assurge ad essere motivo di gioia per i cristiani: "*Conosciutolo hai idea di qual gioia sarai colmato?*".[75] Non solo ma anche i veri fedeli, per l'anonimo autore, sono motivo di rallegramento per la stessa chiesa: "*Essa (la chiesa) (...) si rallegra per i fedeli*".[76]

---

[71] ERMA, *Pastore, Similitudini* 8,77,1-3. Ed. crit. F.X. FUNK-K. BIHLMEYER-M. WHITTAKER, *Die Apostolischen Väter, Griechisch-deutsche Parallelausgabe*, pp. 482-484.

[72] ERMA, *Pastore, Similitudini* 9,78-92. Ed. crit. F.X. FUNK-K. BIHLMEYER-M. WHITTAKER, *Die Apostolischen Väter, Griechisch-deutsche Parallelausgabe*, pp. 484-510.

[73] ERMA, *Pastore, Similitudini* 9,86,6. Ed. crit. F.X. FUNK-K. BIHLMEYER-M. WHITTAKER, *Die Apostolischen Väter, Griechisch-deutsche Parallelausgabe*, p. 500.

[74] *A Diogneto* 5,16. Ed. crit. F.X. FUNK-K. BIHLMEYER-M. WHITTAKER, *Die Apostolischen Väter, Griechisch-deutsche Parallelausgabe*, p. 312. Trad. di A. QUACQUARELLI, *I Padri apostolici*, p. 357.

[75] *A Diogneto* 10,3. Ed. crit. F.X. FUNK-K. BIHLMEYER-M. WHITTAKER, *Die Apostolischen Väter, Griechisch-deutsche Parallelausgabe*, p. 318 . Trad. di A. QUACQUARELLI, *I Padri apostolici*, p. 361.

[76] *A Diogneto* 11,5. Ed. crit. F.X. FUNK-K. BIHLMEYER-M. WHITTAKER, *Die Apostolischen Väter, Griechisch-deutsche Parallelausgabe*, pp. 320-322. Trad. di A. QUACQUARELLI, *I Padri apostolici*, p. 362.

2.2. *Effetti*

A sua volta l'uomo, secondo Erma, esprime questa sua contentezza per quanto Dio ha fatto per lui, di modo che di fronte al creato e ai suoi simili in lui risplenda la gioia divina; quella gioia che scaturisce da un essere chiamato all'esistenza, al fine di intessere rapporti amichevoli sia con l'intero creato, sia con Dio che con i suoi simili: *"Ogni uomo allegro opera bene, pensa bene e disprezza la mestizia"*.[77]

A tal riguardo Erma connette il sentimento della gioia dell'uomo con il suo bene operare e con il suo bene pensare; ciò vuol dire che chi gioisce nel Signore ha la chiara coscienza di compiere attività intellettuali e pratiche che non deturpino l'ordine armonico delle cose create da Dio, in modo tale che l'uomo perpetui nel mondo la gioia divina, espressa alle origini della creazione per l'armonia delle cose da lui create.

Pertanto per Erma la gioia è propria di colui che, sulla falsariga dell'atteggiamento divino, opera del bene per se e per gli altri, in quanto la sua mente e il suo pensiero sono rivolti alle cose di lassù, cioè alle cose di Dio. In Erma viene anticipato ciò che dirà più tardi Giovanni Crisostomo, patriarca di Costantinopoli e dottore della chiesa vissuto nella seconda metà del terzo secolo, per il quale

> chi è ben disposto interiormente e si dà cura della sua anima, da nulla mai può essere contristato, ma gode di una gioia incessante. E che questo sia vero, uditelo da Paolo che oggi ci ripete la sua esortazione: "Rallegratevi sempre nel Signore; ve lo ripeto ancora, rallegratevi" (Fil 4,4) (...).[78]

Per questo motivo - prosegue Erma - l'uomo non è chiamato

---

[77] ERMA, *Pastore, Precetti* 10,42,1. Ed. crit. F.X. FUNK-K. BIHLMEYER-M. WHITTAKER, *Die Apostolischen Väter, Griechisch-deutsche Parallelausgabe*, p. 410. Trad. di A. QUACQUARELLI, *I Padri apostolici*, p. 282.

[78] GIOVANNI CRISOSTOMO, *Omelie sulle statue*, 18.1. Ed. crit. J.P. MIGNE, *Patrologia greca, S. Giovanni Crisostomo* II, vol. 49, Parisiis 1862, col. 181. Trad. di G. CORTI-M. SPINELLI, *La teologia dei Padri: testi dei Padri latini, greci, orientali, scelti e ordinati per temi*, vol. 3, Roma 1975, p. 182.

ad essere mai triste, perché l'uomo triste produce una contro immagine di Dio, contristando lo Spirito santo che invece è stato dato da Cristo all'uomo, per assisterlo durante il suo cammino terreno, certo di ridargli la gioia che proviene da Dio, in modo tale che l'uomo possa nutrirsi sempre della Parola di Dio durante la sua vita terrena.

A partire da tale quadro per Erma la tristezza non è altro che la manifestazione di una volontà contraria al dettato divino, di una volontà che presume di essere lei padrona di tutto ciò che fa e che pensa, di essere lei stessa al posto di Dio, ed è proprio per questo motivo che l'uomo triste si comporta male, perché contrista lo Spirito santo: "*Invece l'uomo triste si comporta sempre male. Prima agisce male perchè contrista lo Spirito Santo che fu dato gioioso all'uomo*".[79]

Conseguentemente per Erma l'uomo triste compie l'ingiustizia di non supplicare Dio e di non confessarsi perché reputa essere lui al centro della sua vita e anche al centro delle cose che lo circondano, per cui la sua preghiera non ha la forza di salire innanzi a Dio, dal momento che nella sua anima è stato bandito l'atto di sottomettersi a Dio, dal quale, invece, tutte le cose e anche la sua stessa vita provengono:

> poi, contristando lo Spirito Santo, compie l'ingiustizia di non supplicare Dio e di non confessarsi a lui. La preghiera dell'uomo triste non ha mai la forza di salire all'altare del Signore. 3. Perché, chiedo, la preghiera del triste non sale all'altare?. Perché, dice, la tristezza risiede nel suo cuore.[80]

A tal proposito Erma afferma che la preghiera del triste non ascende a Dio, perché l'uomo triste è colui che non ha fiducia in Dio, non ha fede in lui e, conseguentemente, non godendo di questa particolare amicizia con Dio, non gode di quella gioia che

---

[79] ERMA, *Pastore, Precetti* 10,42,2. Ed. crit. F.X. FUNK-K. BIHLMEYER-M. WHITTAKER, *Die Apostolischen Väter, Griechisch-deutsche Parallelausgabe*, p. 410. Trad. di A. QUACQUARELLI, *I Padri apostolici*, p. 282.
[80] ERMA, *Pastore, Precetti* 10,42,2-3. Ed. crit. F.X. FUNK-K. BIHLMEYER-M. WHITTAKER, *Die Apostolischen Väter, Griechisch-deutsche Parallelausgabe*, p. 410. Trad. di A. QUACQUARELLI, *I Padri apostolici*, p. 282.

scaturisce proprio da quella intima amicizia che l'uomo dovrebbe avere con Dio dal punto di vista ontologico, in quanto da lui dipende perché da lui è stato creato.

Nel collegare la fede alla gioia nel *Pastore* vi è in nuce il pensiero di Giovanni Crisostomo, il quale afferma che "*chi dunque teme Dio come si deve e in lui confida, ha raggiunto la radice della felicità, si è impossessato della fonte di ogni letizia*".[81] La gioia quindi per Erma nasce da uno stato d'animo che vive in unione con Dio, in quanto la gioia vera, come dirà anche Origene, scrittore e teologo cristiano vissuto tra la seconda metà del secondo secolo fin quasi alla prima metà del terzo,

> non è altro che compiere il proprio dovere (verso la divinità). E davvero celebra una festa colui che compie questo suo dovere: pregando sempre, offrendo incessantemente alla divinità nelle proprie preci, vittime incruente.[82]

Ancora prima di Erma, l'apostolo Paolo aveva collegato la gioia alla fede in Dio, perché chi dà la gioia non è l'uomo, ma Dio: "*State sempre lieti, pregate incessantemente, in ogni cosa rendete grazie*" (1Ts 5,16-18). Con ciò l'apostolo voleva dire che colui che non vive più secondo la carne, ma vive in unione con Cristo, è allegro, perché la sua gioia non gli proviene dalla carne ma da Dio, fonte di vera ed eterna felicità.

A partire da tale quadro quindi la preghiera del triste, tornando a Erma, è una preghiera vuota che non ha la forza di salire al Padre, perché gli manca la linfa vitale che è appunto la fede scaturita da una volontaria accettazione, da parte del credente, del disegno salvifico di Dio nello Spirito: "*Come l'aceto e il vino mescolati insieme non hanno lo stesso sapore, così la tristezza frammista allo Spirito Santo non conserva la stessa preghiera*".[83]

---

[81] GIOVANNI CRISOSTOMO, *Omelie sulle statue*, 18.2. Ed. crit. J.P. MIGNE, *Patrologia greca, S. Giovanni Crisostomo II*, vol. 49, col. 183. Trad. di G. CORTI-M. SPINELLI, *La teologia dei Padri: testi dei Padri latini, greci, orientali, scelti e ordinati per temi*, vol. 3, p. 183.

[82] ORIGENE, *Contro Celso* 8,21. Ed. crit. M. BORRET, *Origène. Contre Celse*, Paris 1969, p. 222. Trad. di G. CORTI-M. SPINELLI, *La teologia dei Padri: testi dei Padri latini, greci, orientali, scelti e ordinati per temi*, vol. 3, p. 183.

[83] ERMA, *Pastore, Precetti* 10,42,3. Ed. crit. F.X. FUNK-K. BIHLMEYER-M.

A tal proposito Erma lega la purificazione dalla tristezza al battesimo, grazie al quale il cuore del credente si purifica da tutte le scorie peccaminose, derivanti dall'aver seguito gli impulsi della carne che rendono l'uomo triste, in modo che, seguendo i precetti di Cristo attraverso le virtù interiori, respiri di nuovo la gioia di una vita vissuta all'insegna dell'amore di Dio e dell'amicizia che Dio ha voluto instaurare con l'uomo: *"Purificati, dunque, da questa nefasta tristezza e vivrai in Dio. E vivranno in Dio quanti allontanano la tristezza e si rivestono di ogni gioia"*.[84] Sulla stessa linea di Erma si pone Clemente Romano, per il quale la gioia e l'allegria sono stati d'animo che il credente prova, dopo che i peccati sono stati purificati nel battesimo:

> Mi aspergerai con l'issopo e sarò purificato, mi laverai e sarò bianco più della neve. 8. Mi farai sentire allegria e gioia ed esalteranno le ossa umiliate.[85]

La gioia dunque per Clemente è appannaggio esclusivo, sull'esempio di Davide, di coloro che rifiutano il peccato, di coloro che hanno un cuore puro, nella cui coscienza lo spirito malvagio dell'uomo peccatore è stato trasformato in spirito retto. Questa è l'invocazione rivolta a Dio da Davide, il quale, come l'uomo peccatore di ogni epoca, vuole assaporare la gioia della salvezza divina:

> Crea in me un cuore puro, o Dio, e rinnova nelle mie viscere uno spirito retto. 11. Non cacciarmi dal tuo cospetto e non togliere da me il tuo santo spirito. 12. Dammi la gioia della tua salvezza e fortificami con lo spirito che mi guidi.[86]

WHITTAKER, *Die Apostolischen Väter, Griechisch-deutsche Parallelausgabe*, p. 410. Trad. di A. QUACQUARELLI, *I Padri apostolici*, pp. 282-283.

[84] ERMA, *Pastore, Precetti* 10,42,4. Ed. crit. F.X. FUNK-K. BIHLMEYER-M. WHITTAKER, *Die Apostolischen Väter, Griechisch-deutsche Parallelausgabe*, p. 410. Trad. di A. QUACQUARELLI, *I Padri apostolici*, p. 283.

[85] CLEMENTE ROMANO, *Lettera ai Corinti* 18,7-8. Ed. crit. F.X. FUNK-K. BIHLMEYER-M. WHITTAKER, *Die Apostolischen Väter, Griechisch-deutsche Parallelausgabe*, p. 100. Trad. di A. QUACQUARELLI, *I Padri apostolici*, p. 62.

[86] CLEMENTE ROMANO, *Lettera ai Corinti* 18,10-12. Ed. crit. F.X. FUNK-K. BIHLMEYER-M. WHITTAKER, *Die Apostolischen Väter, Griechisch-deutsche*

In Erma si riflette un simile concetto:

Colui che è astretto dal bisogno e soffre nella vita quotidiana è in grande tormento e angustia. 3. Chi sottrae un'anima dalle angustie, si procura una grande gioia.[87]

La gioia quindi scaturisce da un animo tranquillo, non turbato dalle angustie, né dalle sofferenze della vita quotidiana. Se in questi casi la gioia è vissuta più nel suo senso orizzontale, come manifestazione psichica della fede del martire, in Barnaba la gioia è vissuta più nel suo senso verticale, come conseguenza del dono della grazia che alcuni membri della sua comunità hanno ricevuto, perché la gioia che essi vivono è per Barnaba segno tangibile della grazia divina:

Al di sopra di ogni cosa mi rallegro immensamente per le vostre anime beate e gloriose. Riceveste la grazia del dono spirituale che vi si è così radicata. 3. Perciò di più mi rallegro nella speranza di essere salvato perché vedo veramente che lo spirito della sorgente abbondante si è diffuso su di voi.[88]

L'annuncio della Parola di Dio, da parte dei messaggeri - dai quali traspare dai loro volti la serenità del loro animo -, inebria di gioia coloro che li ascoltano: *"perchè ci annunzino quanto prima la pace e la concordia invocate e desiderate, e presto noi ci rallegriamo della vostra serenità"*.[89]

Inoltre Ignazio precisa che da ogni cosa che l'uomo compie è possibile ricavarne gioia per colui che ne diviene consapevole:

Parallelausgabe, p. 102. Trad. di A. QUACQUARELLI, *I Padri apostolici*, p. 62.

[87] ERMA, *Pastore*, *similitudini* 10,114,2-3. Ed. crit. F.X. FUNK-K. BIHLMEYER-M. WHITTAKER, *Die Apostolischen Väter, Griechisch-deutsche Parallelausgabe*, p. 541. Trad. di A. QUACQUARELLI, *I Padri apostolici*, p. 345.

[88] BARNABA, *Epistola* 1,2-3. Ed. crit. F.X. FUNK-K. BIHLMEYER-M. WHITTAKER, *Die Apostolischen Väter, Griechisch-deutsche Parallelausgabe*, p. 26. Trad. di A. QUACQUARELLI, *I Padri apostolici*, p. 187.

[89] CLEMENTE ROMANO, *Lettera ai Corinti* 65,1. Ed. crit. F.X. FUNK-K. BIHLMEYER-M. WHITTAKER, *Die Apostolischen Väter, Griechisch-deutsche Parallelausgabe*, p. 138. Trad. di A. QUACQUARELLI, *I Padri apostolici*, p. 92.

"Possa io trovare gioia in voi per ogni cosa ed esserne degno!".[90]

Sempre Ignazio puntualizza che la gioia appare sul volto di colui che condivide la sofferenza di Cristo: *"ed ha gioito tanto con me incatenato in Gesù Cristo".*[91] Non solo ogni singolo individuo, ma anche tutta la chiesa esprime il suo giubilo nella passione e nella risurrezione del Signore:

> chiesa di Dio Padre e di Gesù Cristo che è a Filadelfia d'Asia, che ha ottenuto misericordia ed è consolidata nella concordia di Dio e giustamente giuliva nella passione del Signore nostro e nella sua risurrezione.[92]

Lo stesso Ignazio esprime il suo giubilo quando nota che la chiesa si è consolidata nella concordia di Dio e nell'unità dei suoi fedeli con i pastori e con Gesù Cristo, che li ha confermati con il suo Spirito:

> Essa è il mio eterno e continuo giubilo specialmente se i fedeli sono in uno col vescovo e con i suoi presbiteri e con i diaconi scelti nella mente di Gesù Cristo che, secondo la sua volontà, ha confermati col suo Santo Spirito.[93]

Ancora una volta per Ignazio una delle forme di concatenazione alla sofferenza di Cristo è l'essere pasto alle belve. Ignazio desidera essere offerto in pasto alle belve feroci per raggiungere Gesù Cristo:

> Potessi gioire delle bestie per me preparate e m'auguro che mi si avventino subito (...). 3. Ora

---

[90] IGNAZIO, *Lettera agli Efesini* 2,2. Ed. crit. F.X. FUNK-K. BIHLMEYER-M. WHITTAKER, *Die Apostolischen Väter, Griechisch-deutsche Parallelausgabe*, p. 180. Trad. di A. QUACQUARELLI, *I Padri apostolici*, p. 100. Vedi anche IGNAZIO, *Lettera ai Magnesii* 12. Ed. crit. F.X. FUNK-K. BIHLMEYER-M. WHITTAKER, *Die Apostolischen Väter, Griechisch-deutsche Parallelausgabe*, pp. 196-198. Trad. di A. QUACQUARELLI, *I Padri apostolici*, p. 113.

[91] IGNAZIO, *Lettera ai Tralliani* 1,1. Ed. crit. F.X. FUNK-K. BIHLMEYER-M. WHITTAKER, *Die Apostolischen Väter, Griechisch-deutsche Parallelausgabe*, p. 200. Trad. di A. QUACQUARELLI, *I Padri apostolici*, pp. 115-116.

[92] IGNAZIO, *Lettera ai filadelfiesi, saluto*. Ed. crit. F.X. FUNK-K. BIHLMEYER-M. WHITTAKER, *Die Apostolischen Väter, Griechisch-deutsche Parallelausgabe*, p. 218. Trad. di A. QUACQUARELLI, *I Padri apostolici*, p. 127.

[93] *Ibidem*

incomincio ad essere un discepolo. Nulla di visibile
e di invisibile abbia invidia perchè io raggiungo
Gesù Cristo.[94]

La gioia, spiega Ignazio, scaturisce da coloro che sia col
corpo che con lo spirito osservano i comandamenti di Dio,
vivendo in grazia di Dio e liberi da ogni macchia:

A quelli che sono uniti nella carne e nello spirito ad
ogni suo comandamento pieni della grazia di Dio in
forma salda e liberi da ogni macchia l'augurio
migliore e gioia pura in Gesù Cristo.[95]

Erma aggiunge che dalla carità, dalla quale proviene la gioia,
dal momento che gli altri conservi erano rimasti gioviali della
condotta del servo che distribuì le vivande del banchetto agli altri
conservi, prorompe la preghiera da parte dei servi, perchè, rimasti
soddifatti del suo comportamento, si rivolsero al Signore perchè
trovasse ancora più grazia dal padrone e ancora più gioia da parte
del padrone, che divenne più allegro per il comportamento
caritatevole verso i suoi conservi:

I conservi ricevendo le vivande gioirono e
incominciarono a pregare per lui perchè egli, che li
aveva trattati così bene, trovasse grazia ancora più
grande presso il padrone. 11. Il padrone seppe tutto
questo e molto si rallegrò per la condotta del servo.[96]

Coloro che, secondo Erma, compiono il vero digiuno[97] sono
ben accetti dal Signore e tale servizio diviene bello e gioioso
davanti agli occhi del Signore:

Se compi il digiuno che ti ho comandato, il tuo

---

[94] IGNAZIO, *Lettera ai Romani* 5,2-3. Ed. crit. F.X. FUNK-K. BIHLMEYER-M.
WHITTAKER, *Die Apostolischen Väter, Griechisch-deutsche Parallelausgabe*,
p. 212. Trad. di A. QUACQUARELLI, *I Padri apostolici*, p. 123.

[95] IGNAZIO, *Lettera ai Romani, saluto*. Ed. crit. F.X. FUNK-K. BIHLMEYER-
M. WHITTAKER, *Die Apostolischen Väter, Griechisch-deutsche
Parallelausgabe*, pp. 206-208. Trad. di A. QUACQUARELLI, *I Padri apostolici*,
p. 121.

[96] ERMA, *Paastore, Similitudini* 5,55,11. Ed. crit. F.X. FUNK-K. BIHLMEYER-
M. WHITTAKER, *Die Apostolischen Väter, Griechisch-deutsche
Parallelausgabe*, p. 440. Trad. di A. QUACQUARELLI, *I Padri apostolici*, p.
297.

[97] Vedi per questo argomento più sopra a pag. 12.

sacrificio sarà accetto al Signore e questo digiuno sarà notato e il servizio che compi è bello e gioioso e ben accolto dal Signore. 9. Questo osserverai tu con i tuoi figli e tutta la tua casa e osservandolo sarai felice.[98]

I precetti gioiosi, sempre per Erma, sono diretti alla salvezza dell'anima in ogni uomo che li osserva e li medita:

meditavo sui precetti che belli, potenti, gioiosi e gloriosi potevano salvare l'anima dell'uomo. Dicevo tra me: sarò felice se cammino nella via di questi precetti, e beato sarà chiunque camminerà nella loro via.[99]

L'allegria proviene anche secondo Erma dal vedere che intorno alla torre non c'era alcunchè di difettoso.[100] Perfino lo stesso posto della torre divenne ridente perchè privo di immondizia.[101] Al vedere che la torre, cioè la chiesa è stata purificata, respingendo i malvagi, i bestemmiatori e i dissociati, il Figlio di Dio se ne rallegrò molto. Conseguentemente dalla purezza della chiesa proviene la gioia del Figlio di Dio.[102]

---

[98] ERMA, *Pastore, similitudini* 5,56,8-9. Ed. crit. F.X. FUNK-K. BIHLMEYER-M. WHITTAKER, *Die Apostolischen Väter, Griechisch-deutsche Parallelausgabe*, p. 442. Trad. di A. QUACQUARELLI, *I Padri apostolici*, p. 298.

[99] ERMA, *Pastore, similitudini* 6,61,1. Ed. crit. F.X. FUNK-K. BIHLMEYER-M. WHITTAKER, *Die Apostolischen Väter, Griechisch-deutsche Parallelausgabe*, p. 448. Trad. di A. QUACQUARELLI, *I Padri apostolici*, p. 296.

[100] ERMA, *Pastore, Similitudini* 9,86,6-87,2 Ed. crit. F.X. FUNK-K. BIHLMEYER-M. WHITTAKER, *Die Apostolischen Väter, Griechisch-deutsche Parallelausgabe*, p. 500.

[101] ERMA, *Pastore, Similitudini* 9,87,3. Ed. crit. F.X. FUNK-K. BIHLMEYER-M. WHITTAKER, *Die Apostolischen Väter, Griechisch-deutsche Parallelausgabe*, p. 500.

[102] ERMA, *Pastore, Similitudini* 9,95,4. Ed. crit. F.X. FUNK-K. BIHLMEYER-M. WHITTAKER, *Die Apostolischen Väter, Griechisch-deutsche Parallelausgabe*, p. 514.

Conclusione

Sebbene ci siano, a riguardo del concetto della gioia umana, fondamentali linee di fondo che accomunano il pensiero dei Padri, esistono tuttavia peculiarità proprie che li contraddistinguono l'uno dall'altro.

In Ignazio e in Policarpo come in *A Diogneto*, diversamente da Erma e da Clemente per i quali condizioni della gioia umana sono le virtù, l'osservanza dei comandamenti e il fare qualcosa di buono, condizione della gioia è l'incamminarsi verso il supplizio: è il supplizio che rende allegri i due martiri.

In particolare per Barnaba la gioia scaturisce dalla meditazione, comprensione e spiegazione della Scrittura e, per coloro che meditano la Parola di Dio e la vivono concretamente, essa riceve altresì un volto escatologico, mentre per Erma la gioia acquista un volto cristologico, da un lato, in quanto è lo stesso Cristo a rallegrarsi quando vede la chiesa purificata dai suoi peccati e, dall'altro, pneumatologico perchè lo Spirito di Dio si rallegra vedendo che i fedeli, sia nella prassi che nel cuore, compiono atti gratificanti per Dio durante l'arco della loro vita.

BIBLIOGRAFIA ESSENZIALE

Gioia-Sofferenza-Persecuzione nei Padri della Chiesa, in S.A. PANIMOLLE (a cura di), *Dizionario di spiritualità biblica e patristica* 27, Roma 2000.

QUACQUARELLI A., *I Padri apostolici*, Roma 2000.

STROLA G., *Gioia*, in R. PENNA – G. PEREGO – G. RAVASI (a cura di), *Temi teologici della Bibbia*, Cinisello Balsamo 2010, col. 576.

youcanprint

Finito di stampare nel mese di Luglio 2015
per conto di Youcanprint *Self - Publishing*